Discernimiento espiritual

Una guía para confiar en la dirección de Dios

Angela Grace

© **Copyright 2020 - Todos los derechos reservados.**

El contenido incluido en este libro no puede reproducirse, duplicarse o transmitirse sin el permiso directo por escrito del autor o del editor.

Bajo ninguna circunstancia se tendrá la culpa o responsabilidad legal contra el editor o el autor, por daños, reparaciones o pérdidas monetarias debido a la información contenida en este libro, ya sea directa o indirectamente.

Aviso Legal:

Este libro está protegido por derechos de autor. Es solo para uso personal. No se puede modificar, distribuir, vender, usar, citar o parafrasear ninguna parte o el contenido de este libro sin el consentimiento del autor o editor.

Aviso de Exención de Responsabilidad:

Tenga en cuenta que la información contenida en este documento es solo para fines educativos y de entretenimiento. Todo el esfuerzo se ha ejecutado para presentar información precisa, actualizada, confiable y completa. No se declaran ni implican garantías de ningún tipo. Los lectores reconocen que el autor no participa en la prestación de asesoramiento legal, financiero, médico o profesional. El contenido de este libro se ha derivado de varias fuentes. Consulte a un profesional con licencia antes de intentar cualquier técnica descrita en este libro.

Al leer este documento, el lector acepta que en ningún caso el autor es responsable de las pérdidas, directas o indirectas, que se incurran como resultado del uso de la información contenida en este documento, incluidos, entre otros, errores, omisiones o inexactitudes.

Discernimiento espiritual

Discernimiento espiritual es una guía completa para escuchar a Dios en tu vida. Este libro abarca distintos temas, desde tu propósito en la vida hasta las cosas de cada día. Angela Grace usa un lenguaje amigable y fácil de entender para que todas las personas, creyentes o no, puedan entenderlo y aplicarlo a sus vidas. Ella desmitifica el don del discernimiento, muchas veces incomprendido, y brinda hábitos simples de seguir que te ayudarán a cultivar este don espectacular. En los siguientes capítulos hablaremos de estos temas:

¿Cómo puedo escuchar a Dios?

¿Cómo puedo saber que es Dios?

¿Qué debo hacer con mi vida?

¿Por qué es importante tener un propósito?

¿Cómo puedo encomendar mi vida a Dios?

¿Qué es el mundo espiritual?

¿Cómo puedo distinguir los buenos espíritus de los malos espíritus?

¿Cómo puedo vivir con sabiduría?

Y muchos temas más. Únete a Angela Grace en este camino de autodescubrimiento y crecimiento hacia la iluminación espiritual.

Tabla de contenido

Discernimiento espiritual	4
Descarga GRATIS la versión audio de este libro (en inglés)	6
Audio de meditación guiada de 10 minutos ¡gratis! (En inglés)	8
Por favor, deja una reseña en Amazon	10
Introducción	11
Capítulo 1: Escucha a Dios	17
Capítulo 2: Propósito	33
Capítulo 3: Día a día	42
Capítulo 4: Luz en la oscuridad	49
Capítulo 5: Sabiduría	61
Conclusión	64
Audio de meditación guiada de 10 minutos ¡gratis! (En inglés)	66
Por favor, deja una reseña en Amazon	68

Descarga GRATIS la versión audio de este libro (en inglés)

Puedes disfrutar de este libro también en formato de audio. Si te gusta escuchar audiolibros en tu vida cotidiana, tengo grandes noticias para ti. Puedes descargar la versión audio de este libro (en inglés) completamente **GRATIS** con solo registrarte en una prueba **GRATUITA** de 30 días con Audible. Más detalles a continuación:

Beneficios de la prueba gratuita de Audible

Como cliente de Audible, recibirás los siguientes beneficios con tu prueba gratuita de 30 días:

- Copia gratuita de este libro en formato audio (en inglés).

- Después de la prueba gratuita, recibirás 1 crédito por mes para usar en cualquier audiolibro.

- Tus créditos se acumularán automáticamente al mes siguiente si no los usas.

- Elige entre más de 400.000 títulos.

- Escucha audiolibros donde quieras con la aplicación de Audible para múltiples dispositivos.

- Puedes cambiar fácilmente y sin problemas los audiolibros que no te gusten.

- Conserva tus audiolibros para siempre, incluso si cancelas tu suscripción.

- ¡Y mucho más!

Haz clic en los siguientes enlaces:

AUDIBLE US : bit.ly/angelicmagic

AUDIBLE UK : bit.ly/angelicmagicuk

Audio de meditación guiada de 10 minutos ¡gratis! (En inglés)

¿No te gustaría añadir aún más motivación, inspiración y valor en tu camino hacia la espiritualidad? Como agradecimiento, desde lo más profundo de mi corazón, te concedo acceso GRATUITO a un audio de diez minutos de meditación guiada de la llama violeta (en inglés).

Si estás listo para soltar toda esa energía negativa que ya no te sirve, aprovecha esta meditación de la llama violeta.

- Con la llama violeta podrás liberar la energía bloqueada en tu interior fácilmente
- Limpia tu karma para aumentar tu felicidad
- Haz crecer tu espíritu de nuevo y regresa al camino hacia tu destino

Haz clic aquí y obtén tu audio de meditación guiada de la llama violeta ¡gratis! (En inglés)

bit.ly/violetflameguided

Por favor, deja una reseña en Amazon

Desde lo más profundo de mi corazón, quiero agradecerte por haber leído este libro. Realmente espero que te ayude en tu viaje espiritual y a vivir una vida más feliz y empoderada. Si te ha sido de ayuda, me gustaría pedirte un favor. ¿Serías tan amable de dejar una reseña de este libro en Amazon? Lo apreciaría muchísimo y sé que tendrá un impacto en las vidas de otras personas que buscan alcanzar la espiritualidad en todo el mundo y les dará esperanzas y energía.

¡Muchas gracias y buena suerte!

Angela Grace

Introducción

"Pero el Consolador, el Espíritu Santo, a quien el Padre enviará en mi nombre, les enseñará todas las cosas y les hará recordar todo lo que les he dicho". Juan 14:26

Hay algo que quizá ya sabes, pero te lo diré de todos modos. Tal vez no lo sabes o nunca has pensado en ello. No importa; te lo voy a decir de todos modos. Tal vez la forma en la que te lo diga te ayudará a darte cuenta y a apreciar algo sobre el mundo como jamás lo habías hecho.

Mira a tu alrededor. ¿Qué es lo que ves? Las imágenes se mueven rápido en la pantalla. Afuera se escucha el piar de los pájaros. Si vives en la ciudad, todo lo que escuchas es el rugido de la ciudad y el fervor del movimiento, y no es fácil aislarse o que entre por un oído y salga por otro. ¿Cómo se siente este libro en tus manos, es suave? Si estás leyendo esto en un dispositivo, ¿cómo se siente? ¿Es sólido y resistente en tus manos? ¿Los botones de la pantalla son suaves al tacto? ¿Es pesado o sorprendentemente liviano para su tamaño? ¿Qué hay de la silla en la que estás sentado, es cómoda? ¿Qué hay de esas sensaciones en tu cuerpo, de esa molestia en la rodilla izquierda, de la forma en la que la piel se contrae y se estira cuando te mueves?

Esto es muy lindo y emocionante, e incluso puedes decir que es real, contrario a algo que es ficticio o un sueño. Lo más extraño de todo esto es que es una simulación en tiempo real creada por tu cerebro. Estas sensaciones, percepciones, imágenes y cosas que oyes. Esto no quiere decir que en el mundo no existen cosas como mesas, sillas y cuerpos; existen objetos en el mundo que cumplen un propósito y se presentan de esa forma. Lo que quiero que entiendas es que tu cerebro está en una caja negra. Recibe información de tus sentidos y mediante un par de técnicas simula un mundo por ti: el gusto, el tacto, la vista, las sensaciones internas y mucho más. Pero sabemos, ya sea por la ciencia o por nuestras propias experiencias, que la forma en la que percibimos el mundo no es exactamente como es el mundo. En nuestras vidas existen tecnologías que explotan el hecho de que el cerebro está ciego ante mucho de lo que existe ahí afuera. Considera la televisión en tu sala de estar, y si vamos al caso, a cualquier otra pantalla. Cuando la miras, ves personas hablando en la pantalla; cuando mueves el dedo, pasas de página. Pero te das cuenta de que es una ilusión que, al igual que cualquier otra ilusión, explota la manera en que el cerebro interpreta la entrada de información visual para crear un mundo. Es un tipo de ilusión óptica, como ya sabes.

Lo que intento decir es que el mundo no es como parece. No podemos vivir una vida plena en armonía con la naturaleza y el mundo basándonos en nuestras experiencias y el sentido común. Muchas de las cosas que ocurren en el universo, y me refiero al universo como todo lo que existe, incluso la materia, no están dentro de nuestra observación o nuestras experiencias directas. Son invisibles para nosotros. Y muchas de esas cosas que no podemos ver tienen efectos reales sobre nosotros. Tienen consecuencias en nuestras vidas aquí en la tierra. Solo porque algo es vasto y lejano, o solo porque no puedes verlo, no significa que no pueda hacerte daño o envalentornarte. No hace que no exista o que importe menos. Si tu objetivo es vivir una vida que sea genuinamente plena y exitosa y que esté en armonía con la existencia superior, tendría sentido ver más allá del mundo que ven tus ojos, limitado por tus propias percepciones y experiencias y tu naturaleza.

Una persona que no puede ver más allá de su realidad o experiencia inmediatas es como una persona que tropieza en la oscuridad. No tiene un entendimiento o una percepción de cómo sus decisiones reverberan más allá de lo que puede ver. Las personas son más que sus experiencias directas; tienen un alma, por lo que pueden tomar decisiones que dañan su alma a largo plazo.

Entonces, ¿cómo cambiamos esta situación? ¿Cómo ver más allá de nuestra pequeña realidad inmediata y tomar decisiones sabias más allá de nuestra experiencia directa? Debes aprender a ser consciente y a estar alerta a nivel espiritual. Para esto necesitarás algo de ayuda; la mejor ayuda y guía que puedes obtener es la de Dios. Puedes pensar que soy un poco tendenciosa porque menciono a Dios desde un primer momento. ¿Pero y si hay otros espíritus, como Cthulhu o el Leviatán, que están mejor preparados para ayudarte? Antes de tocar ese tema, hablemos de espíritus. Muchas personas piensan en los espíritus como entidades que existen más allá de la realidad física o independientes de ella. Como ya hemos visto, la realidad física, o el mundo como lo experimentamos, es solo una pequeña fracción de lo que realmente existe allá afuera. Los espíritus son seres que residen en esta realidad mayor. Ellos ven mucho más del mundo que nosotros. Por nosotros, me refiero a la mayoría de nosotros porque tenemos un alma; a nivel esencial, somos almas. Sin embargo, algunos espíritus son más conscientes que otros; saben más, ven más y pueden hacer más cosas. Esto ocurre de la misma manera en el mundo real. Algunas personas son más capaces que otras.

Imagina que todo el mundo es solo un país. A la persona más influyente en ese país la llamaríamos Presidente. La palabra Dios describe algo similar. Es solo un título. Dios no es el nombre de Dios. Dios tiene un nombre propio. Así como el nombre del presidente no es Presidente. Pero en el caso de Dios, existe otro factor que lo hace la mejor persona a quien escuchar. Ha creado todo lo que existe. Es el mayor arquitecto universal. Por lo tanto, sabe todo sobre la existencia porque él mismo la diseñó. Es por eso que decimos que Dios sabe todo; literalmente es omnisciente. Dios no tenía un algoritmo para crear el universo; él lo creó todo. No solo sabe todo, sino que también es súper inteligente. Más que cualquier otra cosa que pueda existir, porque cualquier otra inteligencia que exista en el universo existe como resultado de su creación, y por lo tanto es su creación. Entonces, Dios es a quien debes acudir si quieres vivir la mejor vida posible. Sabe lo que es mejor para ti porque él es lo mejor que puede haber.

Sin embargo, hay un problema, y para eso tenemos aquí este libro. Existe un sinnúmero de otros espíritus que intentarán ofrecerte los mismos servicios. Muy a menudo es difícil saber cuál es Dios y cuál no. Esto se debe a dos cosas. Uno, nos hemos abandonado a un nivel espiritual. Nuestra salud espiritual es deficiente, por decirlo así. Debido a esto, no podemos actuar bien en el mundo espiritual.

El segundo problema es que existen fuerzas externas empecinadas en destrozarnos o en frustrar nuestros intentos de lograr una conexión con Dios. Simplemente hay demasiado ruido. Dicho de otro modo, es necesario un esfuerzo sostenido para escuchar a Dios. Tal vez algunas personas pregunten rápidamente por qué. Mi respuesta es, ¿por qué debería ser de otra manera? Nos agradan las personas con las que nos relacionamos porque es una responsabilidad compartida. Los vínculos se construyen sobre la idea de que ambas partes hacen un esfuerzo para construir algo juntas. Dios ya está haciendo un esfuerzo; tú no estás cumpliendo con tu parte del trato. Si no me crees que Dios nos habla todo el tiempo, te daré una prueba que es difícil de discutir.

Haz memoria; recuerda tu infancia, cuando tu madre solía cocinar las galletas que tanto te gustaban. Ella las ponía en un frasco y te decía que no sacaras ninguna hasta que ella te las diera. Tal vez te dijo que pidieras primero. Pero tres o cuatro galletas en la mañana no eran suficientes para ti. Tú querías más. No es tu culpa; estaban realmente deliciosas. Se te hace agua la boca de solo pensar en ellas (a propósito, deberías llamar a tu mamá y decirle que te hornee unas galletas ahora mismo. Eso sí, sé amable. Bueno, de vuelta a la historia). Tú sabes lo que hiciste después. Fuiste y sacaste más. Una aquí y una allá, pero pronto fueron diez o veinte, y te atraparon, ¿verdad? Pero es probable que recuerdes, a pesar de la adrenalina de robarlas, esa sensación fea en el pecho o esa voz en tu cabeza que te decía que no debías hacerlo. En ese momento sabías que lo que estabas haciendo estaba mal y había una voz que te decía eso mismo. A esa voz la llamamos conciencia, y nuestra conciencia es una de las formas más puras en las que Dios habla con nosotros.

Como sabes, este canal puede estar intervenido por otros espíritus e influencias, pero es probable que cuando eras un niño eso aún no había sucedido. Y seguro Dios hablaba contigo más seguido, no solo cuando hacías cosas malas, sino también cuando jugabas. ¿Recuerdas haber sentido una presencia? ¿Algo que te estaba observando y cuidando? ¿Recuerdas que a veces hablabas contigo mismo o con algo, pero no estabas muy seguro de qué era? ¿Eso que no era tu amigo imaginario? Piénsalo.

Acudiste a este libro porque, de algún modo, has perdido eso en un momento de tu vida donde más lo necesitabas. Una razón por las que los espíritus no gastan toda su energía en los niños es porque ellos toman menos decisiones. Tienen menos responsabilidades. Por lo tanto, más elecciones tienes, más poder tienes, más útil eres como persona. Esto no quiere decir que los niños sean menos importantes. Lo son, y puede ser parte de la razón por la que atacan a los padres y adultos, porque los adultos confundidos pueden confundir también a los niños. Como tomas más decisiones y esas decisiones tienen consecuencias en otras generaciones, necesitas a Dios más que nunca. Entonces, elegir este libro ha sido una de las decisiones más inteligentes que podrías haber tomado. Tal vez el propio Dios te ha guiado hasta aquí.

En este libro hablaremos sobre lo que se necesita para escuchar a Dios y cómo saber que es él. Hablaremos sobre encontrar tu propósito y por qué es importante. Veremos las formas en las que Dios habla con nosotros día a día y cómo podemos aprovecharlo para hacer crecer nuestra fe. La parte más interesante para la mayoría de ustedes será mi discusión sobre cómo discernir los espíritus buenos de los malos espíritus y las buenas intenciones de las malas intenciones. Veremos cómo vivir de acuerdo a las escrituras y la sabiduría. Pasaremos un buen rato. Este libro trata sobre el discernimiento espiritual y, hasta ahora, he hablado mucho sobre escuchar a Dios. Porque, aunque el discernimiento espiritual se trata de tener una buena percepción espiritual, gran parte de ello surge y se alimenta de una comunicación mutua con Dios. Entonces, esta discusión necesita otra discusión sobre escuchar a Dios y prestarle atención y las formas de distinguir diferentes voces, intenciones y espíritus.

Capítulo 1: Escucha a Dios

A un nivel más básico, Dios nos habla a través del espíritu. Esto es provechoso porque el espíritu siempre está a nuestro alrededor y dentro de nosotros. Nos habla de diferentes maneras y hay muchas formas en las que Dios usa el espíritu para hablar con nosotros. Dios nos habla de diferentes formas según quiénes seamos, dónde estemos y cuál sea nuestro camino en la vida. Él habla con cada persona de manera diferente, todo sea por servir al objetivo principal: lograr intimidad y traer consigo su reino. Aunque no puedo darte un manual de instrucciones sobre cómo comenzar a escuchar a Dios en tu vida, puedo decirte que hay formas preestablecidas en las que Dios se comunica. Aún así, la naturaleza en la que emplea esas formas variará con cada persona. Sin embargo, muchas veces coincidirán en gran medida.

En estos capítulos hablaremos de las formas inmediatas y de fácil acceso en las que Dios se comunica con nosotros. Algunas personas están tan acostumbradas a estos métodos que ya no piensan que sean algo fuera de lo común. La más común es la conciencia; es un mecanismo incorporado que conecta a Dios con cada persona. El único problema es que este mecanismo puede corromperse. Lo sabemos porque existen personas que están en completo desacuerdo con cosas que deberían ser iguales para todo el mundo. Estas visiones del mundo pueden alterar nuestra conciencia.

Reemplaza la frase "visión del mundo" por "información". Una visión del mundo se compone de una serie de conceptos relacionados entre sí de manera compleja. Imagina que tienes una porción de tierra. El terreno es rico y muchas cosas pueden crecer allí, así que decides comenzar a sembrar. Antes de hacerlo, debes quitar lo que ya está creciendo allí. Si la información que tienes es que limpiar el terreno traerá un mejor rendimiento de la cosecha, trabajos fijos, alimento para otros y ayuda para tu familia, limpiar el terreno se sentirá como lo mejor que puedes hacer.

Ahora, imagina la misma situación, pero con un conjunto de información diferente. Por ejemplo, sabes que despejar el terreno provocará que el pueblo se inunde en el verano y cause un daño irreparable y, probablemente, la muerte de algunas personas. Te sientes mal por querer despejar el terreno, incluso si sabes que traerá abundancia y ayuda para tu familia. La información que tienes, los conceptos, pueden tener una gran influencia en tu conciencia y en la toma de decisiones. Lo que este ejemplo quiere ilustrar es lo fácil que es persuadir a tu conciencia. Si tu visión de la vida es bíblica, tu conciencia estará en su mayoría alineada con los deseos de Dios. Sin embargo, no siempre puedes tener por cierto que, de alguna manera, algo ha descolocado tus concepciones del mundo para llevarte por el mal camino.

Otra forma en la que Dios se comunica con nosotros es a través de la intuición. A la intuición se la conoce mejor como instinto. Puede ser algo simple, como tener un mal presentimiento sobre una decisión en particular. En ocasiones, es la convicción de saber que debes hacer algo; un tipo de conocimiento inexplicable sobre una situación que más adelante termina siendo cierto. La intuición es enigmática, en el sentido de que no apela al intelecto, sino que afecta y se ocupa de una parte profundamente espiritual de nuestra naturaleza.

"Porque el Señor da la sabiduría; conocimiento y ciencia brotan de sus labios. Él reserva su ayuda para la gente

íntegra y protege a los de conducta intachable. Él cuida el sendero de los justos y protege el camino de sus fieles. Entonces comprenderás la justicia y el derecho, la equidad y todo buen camino; la sabiduría vendrá a tu corazón, y el conocimiento te endulzará la vida". Proverbios 2:6-15

Otra forma en la que Dios se comunica con nosotros es a través de sueños y visiones. Dios puede usarlos para traer tu atención a algo misterioso. Para encontrarle sentido a los problemas con los que hemos estado lidiando, para darnos una idea diferente de lo que se viene, y muchas cosas más. Aunque hay muchas personas obsesionadas con la interpretación de los sueños, a menudo los sueños son bien claros debido a que usan un lenguaje con imágenes y emociones que podemos entender.

"Dios nos habla una y otra vez, aunque no lo percibamos. Algunas veces en sueños, otras veces en visiones nocturnas, cuando caemos en un sopor profundo, o cuando dormitamos en el lecho, él nos habla al oído y nos aterra con sus advertencias, para apartarnos de hacer lo malo y alejarnos de la soberbia; para librarnos de caer en el sepulcro y de cruzar el umbral de la muerte". Job 33:14-18

Dios también usa los consejos de otras personas para comunicarse con nosotros. Por lo general es algo que oirás de gente que tiene una relación cercana con Dios. Por ejemplo, si en la iglesia las personas hablan de ti porque ven algo en común, como que serías un excelente profesor. Esta sería una forma en la que Dios te muestra que tienes ese don. Él ha allanado el camino para que tú lo sigas. Esto se debe a que, si las personas ven o reconocen algo en ti, ellas te asignan un rol. Aunque tendrás que enfrentarte a varios desafíos en un camino profeso dentro del ciclo espiritual, recibirás el apoyo suficiente para alcanzar tu meta. Una señal más evidente es si las personas que no se comunican entre sí opinan lo mismo sobre una situación en tu vida.

> *"Al necio le parece bien lo que emprende, pero el sabio escucha el consejo"*. Proverbios 12:15

> *"Sin dirección, la nación fracasa; el éxito depende de los muchos consejeros"*. Proverbios 11:14

Otra forma en la que Dios se comunica con nosotros es a través de su palabra, ya sea en la lectura o en sermones y mensajes. Sabrás que Dios se está comunicando contigo si un mensaje o sermón es convincente. La palabra *convicción* es perfecta para describir este fenómeno. Básicamente significa que, en ese momento, sientes que ese mensaje fue pensado para ti, fue creado contigo en mente. Por supuesto, ningún versículo o mensaje de un pastor fue escrito específicamente para ti, pero puedes estar en una posición en la vida en la que ese mensaje resuena profundamente en tu interior.

> *"Toda la Escritura es inspirada por Dios y útil para enseñar, para reprender, para corregir y para instruir en la justicia, a fin de que el siervo de Dios esté enteramente capacitado para toda buena obra"*. 2 Timoteo 3:16-17

Existe otra forma más directa en la que Dios se comunica con nosotros. Él nos habla a través de la voz en nuestra mente, una voz calma que habla de espíritu a espíritu. Quizás a estas alturas algunas personas se sienten incómodas. Aún así, si despejas tu mente, meditas sobre las escrituras y haces algunos de los ejercicios que mencionaremos en este libro, escucharás ideas y pensamientos y habrá imágenes que aparecerán de la nada en tu mente y te guiarán. No son solo pensamientos, son específicos a tus preguntas y traen consigo otras confirmaciones también. Una confirmación es cuando Dios dice una cosa y luego ocurre en el mundo algo que concuerda con su voluntad o sus deseos para ti.

La forma menos común, y a la que mucha gente le encantaría sentir o incluso pagaría por ello, es una voz audible. Es cuando escuchas una voz de verdad, de la misma manera que escuchas música en unos parlantes o escuchas hablar a alguien al lado tuyo. Ocurre de forma externa. Mientras lo lees puede ser atemorizante, o al menos lo parece. Esto se debe a que, en nuestras experiencias normales, no oímos voces que salen de la nada, y cuando ocurre puede ser un signo de inestabilidad mental. Dios puede usar este método, y cuando lo hace, te llenarás de calma, paz y entendimiento.

Otra forma es la pasión intensa. Puede ser una fuerte sensación de euforia que surge de la nada y te impulsa a hacer algo. Por lo general, las personas tienen experiencias como estas durante la adoración, en la que el espíritu de Dios desciende sobre ellas como una presencia abrumadora. En ese momento, una especie de sabiduría sobrenatural viene hacia ti; es tan evidente que no hay manera de confundirse o dudar de ella.

"En conclusión, ya sea que coman o beban o hagan cualquier otra cosa, háganlo todo para la gloria de Dios". 1 Corintios 10:31

"Todo lo puedo en Cristo que me fortalece". Filipenses 4:13

Dios utilizará diversos métodos para comunicarse contigo, tal como tú te comunicas con tus padres o amigos. No solo cara a cara; usas todas las herramientas a tu disposición para transmitir un mensaje y usas el método que mejor funcione en esa ocasión. Si están lejos, puedes alzar la voz. Si estás en otra ciudad, puedes llamarlos. Si no puedes hablar, puedes enviarles un mensaje. Y si ha pasado mucho tiempo y los extrañas, puedes hacer una videollamada con tus seres queridos. Dios hace lo mismo, y es muy probable que sea el mismo mensaje, ese que necesitas oír ahora mismo. Esta es otra forma en la que las confirmaciones ocurren: los mismos mensajes comunicados de distintas maneras.

¿Cómo puedo darme cuenta?

Ahora conoces las formas en las que Dios habla, ¿pero cómo puedes darte cuenta de que es Dios? Este es un problema central para todos los creyentes; lo llamo el síndrome de la ambigüedad perpetua. Cuando reciben un mensaje de Dios, piensan que la fuente no es clara o no están seguros de que realmente es Dios porque no está claro. A menudo le pregunto a estas personas qué es lo que necesitarían para convencerse de que es Dios quien les habla. Nunca tienen una respuesta de verdad, supongo se debe a que piensan que es una pregunta retórica. Me imagino que les gustaría que Dios bajara del cielo y les hablara envuelto en una luz enceguecedora. Tal vez sería prueba suficiente, ¿pero quién sabe?

Hemos insinuado las formas en las que Dios se revela a sí mismo y vale la pena volver a revisarlas. Dios confirma las cosas que te dice. No las dirá solo una vez, solo a ti y solo de una forma. Es como cuando tu pareja te envía un mensaje para que recuerdes comprar la leche, cuando ya sabes que debes comprar la leche. Tal vez sueñas con comenzar una campaña en línea para recaudar fondos para tu vecino. Entonces, escuchas la misma voz en tu cabeza cada vez más mientras rezas e incluso comienzas a sentirte bien al respecto. Un amigo puede preguntarte por qué no haces algo similar para tu amigo. Y es así como sabes que Dios te está hablando a ti.

Te darás cuenta de que es algo bueno simplemente porque lo es. Dios no te diría que hagas algo que puede ser dañino para ti, para tus seres queridos o para tu relación con él. Si está alineado con las escrituras, es bueno, fomenta su palabra y fortalece tu vínculo con él, entonces es Dios.

"—¿Por qué me llamas bueno? —respondió Jesús—. Nadie es bueno sino solo Dios". Marcos 10:18

Aquí es donde sueles escuchar la historia de Dios y Abraham. Esta historia a menudo nos hace pensar que Dios no siempre nos dice que hagamos cosas buenas o al menos moralmente aceptables. Si no conoces la historia, Dios le dice a Abraham que sacrifique a su hijo. Abraham casi lo hace, y justo cuando está a punto de golpear la cabeza de su hijo Dios le dice que se detenga, porque Abraham ya probó su fe. Parece una broma muy cruel. ¿Por qué Dios haría una cosa así? ¿Cómo Dios puede ser tan cruel? Seguramente Dios no siempre nos pedirá que hagamos cosas buenas. Él es más que capaz de decirnos que hagamos cosas y cambiar de opinión a último minuto. Esta parece ser la conclusión a la que muchas personas llegan con esta historia bíblica en particular. Escuchan esta historia y ven a un Dios caprichoso, capaz de instruir a las personas para que cometan actos moralmente reprobables sin razón alguna. Y con esa descripción, tal vez te sientas mejor llamando a esta entidad demonio en lugar de Dios.

Las personas que piensan así son las primeras que hacen preguntas como "y si Dios te pide que mates a tu vecino, ¿lo harías?". Me temo que me pondré un poco morbosa con lo que voy a decir, pero es solo por el debate. No trato de decir que Dios haría una cosa como esta, pero pienso que es una buena pregunta para analizar. Si estuvieras en esta situación y una voz se te apareciera y te dijera "soy el Señor, tu Dios y tu salvador, y te ordeno que mates a tu vecino", es probable que lo primero que pienses no sea "guau, Dios me está hablando"; sino mas bien algo entre "me estoy volviendo loco" y "debe ser algún espíritu maligno". Ahí es exactamente donde deben estar tus pensamientos. ¿Por qué? Dios no es contraproducente. Él trabaja para hacer las cosas de una manera mejor, no peor. La pregunta que debes hacerte es: "si tuviera que ir a la casa de mi vecino y matarlo, ¿cómo me haría sentir? ¿Qué impacto tendrían mis sentimientos en mi relación con Dios y con la comunidad?". Si la respuesta a eso, de tu conocimiento del mundo, es abrumadoramente negativa, entonces no es Dios. Si esto implica romper vínculos con tu familia, deshonrar a tu iglesia, hacer que dudes del mensaje divino y provocar un daño psicológico y emocional potencialmente irreversible, este no es Dios. Él nunca te pediría que hicieras algo que pueda poner en juego tu vínculo con él.

Ahora imaginas a un astuto terrorista diciendo: "Dios jamás haría nada que te pueda hacer daño. Entonces, él sabe que si matas a esta persona, será algo muy bueno para ti".

Recuerda lo que dije. Si con todo lo que sabes ahora, en este mismo momento, con la inteligencia que has adquirido, realizas una acción que puede llegar a dañar tu relación con Dios, con la iglesia o con tu familia y traer dolor y sufrimiento, no es Dios. Desde el momento en el que te permites actuar bajo impulsos ridículos o salvajes o invocaciones porque "el espíritu sabe más que yo", te abres a las influencias externas. Una señal de que Dios te está hablando es que él hará que todo lo que te diga sea inteligible para tu situación actual. No será un misterio total. Te aconsejo que apliques este criterio en las circunstancias más serias. Si Dios te ordenara que comieras pizza, no habría necesidad de semejante análisis.

> *"El Señor es bueno con todos; él se compadece de toda su creación"*. Salmos 145:9

Cuando pasas tiempo rezando y estudiando las escrituras, te acostumbras a la voz de Dios. El espíritu de Dios trabaja contigo en esos momentos para iluminar la palabra y traer más entendimiento a tu vida. Cuando lees la palabra y estás convencido de lo que lees, sabes que es Dios que te habla. Y cuando tengas dudas, puedes estar seguro de que puedes confirmar ese mensaje por fuera de las escrituras. Uno de los otros beneficios que tiene leer las escrituras y sumergirte en la palabra es que pasas tanto tiempo con el espíritu de Dios que puedes reconocerlo fácilmente la próxima vez que se comunique contigo. Tu mente se llenará de su palabra, y cuando mires al mundo, estará formado de tal manera que será fácil reconocerlo y percibir sus caminos y acciones en el mundo. Puede sonar algo extraño, pero ya has tenido antes una experiencia similar. El espíritu abre nuestra mente o nuestro ojo espiritual de la misma manera en la que el conocimiento puede cambiar cómo vemos las cosas a nuestro alrededor.

Por ejemplo, como cualquier estudiante te dirá, antes de aprender algo nuevo tienes que saber que el mundo a tu alrededor está lleno de características jamás antes vistas. No es porque estas cosas invisibles no están ahí, sino porque la mente del estudiante todavía no está entrenada para poder reconocerlas. Antes de que los estudiantes de psicología comiencen a estudiar la materia, comienzan viendo el comportamiento de los demás de manera bidimensional, como algo bueno o malo. Tienen opiniones mediocres sobre las motivaciones ajenas y la forma en que otros actúan, y ven los trastornos de salud mental como rasgos de personalidad o incluso como un mal comportamiento.

Es ahí cuando el estudiante comienza a ver un mundo aún más multifacético, donde las cosas son mucho más complejas e intrigantes de lo que parecen en un principio. Está más preparado para observar una situación o un comportamiento y pensar en un juicio mejor sobre el motivo detrás de ese comportamiento y si es normal. Sumergirte en la palabra de Dios te permite ver más allá del mundo que está frente a tus ojos, reconocer patrones, influencias ocultas y el significado de los eventos que suceden a tu alrededor.

"Tu palabra es una lámpara a mis pies; es una luz en mi sendero". Salmos 119:105

Es por esta razón que la mejor forma de escuchar a Dios o prepararte para reconocer sus formas fácilmente en tu vida es familiarizarte con su palabra. Esto te ayudará a discernir más fácilmente a los espíritus malignos.

Lo repito; Dios no es destructivo. Dios usa más de una manera, él confirmará lo que dice y, si te sumerges en las escrituras, podrás percibirlo al instante en otras áreas de tu vida.

¿Y ahora qué?

Ahora tienes una buena idea de algunas de las cosas a las que debes prestarle atención o debes hacer si quieres discernir las formas de Dios en tu vida. Conoces la importancia de leer y analizar las escrituras. Hasta ahora vimos cómo Dios nos habla y cómo podemos darnos cuenta de que es él, pero no hemos hablado de las formas en las que podemos escucharlo activamente. No es que Dios no nos habla; la mayoría de las veces nosotros simplemente no escuchamos. Entonces, te diré las formas en las que podemos escuchar a Dios.

Abúrrete

Sí, me oíste bien, permítete aburrirte un poco. Hoy en día, las personas le tienen tanto miedo a la inactividad que siempre están ocupadas con alguna forma de estímulo digital. En esta era y en esta economía, si no queremos aburrirnos, tenemos un sinfín de cosas para mantenernos ocupados. Y el aburrimiento es incómodo, así que lo evitamos a toda costa. Cuando estamos ocupados, absortos y entretenidos, ignoramos muchas cosas que Dios nos está diciendo porque estamos muy enfocados en otra cosa. Es como hablar con alguien que está mandándole mensajes a alguien más; no te presta atención y muchas veces ni siquiera te escucha. Para la espiritualidad, estar ocupado todo el tiempo es igual a mandarle mensajes a alguien más mientras entablamos una conversación.

> *"Pero tú, cuando te pongas a orar, entra en tu cuarto, cierra la puerta y ora a tu Padre, que está en lo secreto. Así tu Padre, que ve lo que se hace en secreto, te recompensará".*
> Mateo 6:6

Entonces, asumo que vas a un lugar de adoración, lees las escrituras y estás dispuesto a escuchar lo que Dios tiene para decirte. Intenta este ejercicio si quieres escuchar a Dios. Aviso: esta es mi forma de hacerlo, pero existen otras maneras. Busca una habitación en donde puedas estar a solas y nadie pueda interrumpirte. En mi caso, es el baño. Despeja esta habitación de cualquier material de lectura o cualquier cosa que pueda llamar la atención o algo que estés tentado a usar si te aburres. Quita los juguetes, los adornos interesantes o cosas así. Por último, desactiva las notificaciones de tu teléfono y de otros dispositivos. Asegúrate de que los dispositivos no estén en la habitación. Luego quédate o enciérrate en esta habitación y desconéctate del mundo durante más o menos quince minutos. Si es necesario, pídele a un amigo de confianza que se quede junto a la puerta para hacerte responsable hasta que se acabe el tiempo. Puedes hacer esto si no confías lo suficiente en ti mismo como para lograrlo. Por ahora, todo bien.

Hay cosas que no deberías hacer una vez que te encuentres en esta habitación protegida. Por ejemplo, no te pongas a hacer ninguna actividad física extenuante como trotar en el lugar o hacer flexiones. No reces; tampoco hables demasiado. Simplemente no hagas nada. Tal vez al principio sientas mucha ansiedad, sobre todo si no estás acostumbrado a no tener nada para hacer. Incluso quizás sientas que escuchas el sonido de una nueva notificación en tu teléfono. Permítete sentir esta ligera ansiedad. Solo déjala que suceda, no hagas nada. Solo escucha y siéntate. Notarás que tu mente comenzará a ponerse más activa y nuevos pensamientos aparecerán, tal vez cosas en las que nunca antes habías pensado o recuerdos enterrados. Tal vez comiences a pensar en cosas que te molestan y verás muchas de estas cosas más claramente cuando hagas la conexión en ese momento. Incluso pueden surgirte ideas completamente nuevas.

Esto puede estar acompañado de sentimientos de alegría, pasión y motivación para actuar; es una señal de que Dios te está hablando. Te has permitido ser permeante y recibir de él, entonces puedes escucharlo. Estos pensamientos pueden parecer invasivos, bruscos y muchas veces fuertes, pero no dudes; solo escucha. Felicidades, has aprendido a escuchar a Dios. Otra idea que puede cumplir el mismo propósito es salir a caminar en las horas más calmas. Puede ser tanto por la noche como temprano en la mañana. Hazlo por tu cuenta, sin conversar y sin compañía electrónica.

Escucha el mensaje correcto

En ocasiones, las personas se permiten aburrirse y pasar por ese proceso solo para quejarse de que no han oído nada. De hecho, a veces una ocasión no es suficiente para recibir algo de Dios. Me doy cuenta de que, cuando las personas no escuchan nada, la mayoría de las veces es porque están ignorando lo que ya se les ha dicho. En sus mentes tienen expectativas muy específicas de lo que esperan escuchar con ansias. No hay nada de malo en eso, porque muchas veces Dios responde a ello. Tal vez no es el momento perfecto para eso que tanto te preocupa. Dios quizás tiene otras ideas para ti. Ideas que, según su criterio, son más importantes.

Entonces, Dios te habla sobre otras cosas, pero te rehúsas a escucharlo porque tienes tu mente enfocada en otra cosa. Esto no solo se aplica a los momentos en los que te permites aburrirte; se aplica a cualquier momento. Permítete estar abierto a cualquier cosa que Dios te diga, incluso si eso no es lo más importante para ti en ese momento.

Examina

Puedes pedir por una cuestión en particular, dejar que se asiente en tu mente y seguir con tu día. Por lo general, Dios se acercará a ti por ese tema en específico en alguna de las maneras que ya hemos visto. Simplemente examina todo tu entorno y tu mente. Mi forma favorita de usar esta técnica es dejar que la cuestión se asiente en mi mente y luego leer las escrituras. No pasa mucho tiempo hasta que llega ese momento de "¡ajá!" o cuando las escrituras hablan de mi problema o ayudan a echar algo de luz sobre él.

Pregunta a otros creyentes

Si tienes preguntas, escucha lo que los creyentes a tu alrededor dicen sobre el tema. Recuerda que Dios puede usarlos para comunicarse contigo. Y si lo que dicen es lo correcto lo sabrás dentro de tu corazón; tu alma resonará. No solo sucederá, sino que también se alineará con lo que has aprendido al leer las escrituras.

Pide una respuesta

Puedes pedir respuestas cuando reces antes de dormir y esperar que Dios las responda en tus sueños. A veces lo hará; otras veces no. En ocasiones Dios ya te habrá respondido y deberás observar detenidamente a tu alrededor, consultar su palabra, pasar tiempo a solas con él y abrir tu corazón para escucharlo.

También puedes hacer lo que yo llamo una plegaria de escucha. Le haces una pregunta a Dios, como "¿qué debería estudiar?", y esperas. Esperas a que aparezcan pensamientos en tu mente y te llenes de ideas y de información respecto de ese tema. Dios pondrá ideas y pensamientos en tu mente para responder esas preguntas. Por lo general suelen ser los más arbitrarios, los más difíciles de sacarse de la mente, ignorar u olvidar. Mientras más demandantes sean, más seguro puedes estar de que estás oyendo a Dios.

"*Clama a mí y te responderé, y te daré a conocer cosas grandes y ocultas que tú no sabes*". Jeremías 33:3

Haz observaciones

Las palabras importan, y mucho; por eso prestamos atención a las cosas que decimos. Sin embargo, todos sabemos que las acciones dicen más que las palabras. A veces, lo real es un mensaje mucho más fuerte que lo que escuchas. Las situaciones, las circunstancias y la realidad son mucho más poderosas e influyentes que el lenguaje adornado y maquillado. Una de las mejores formas de escuchar lo que

Dios nos está diciendo es ver dónde estamos, qué está haciendo y cuáles son tus opciones. Muchas veces las palabras no son suficientes; Dios lo sabe, y tu situación te revelará cuál es la voluntad de Dios o lo que está intentando decirte. Esto puede variar, desde algo pequeño hasta algo grande. Por ejemplo, tienes reservas sobre vivir en una ciudad en particular, pero de repente una oportunidad única en la vida te surge en ese lugar, tal vez un puesto en otra empresa que te sienta mejor. Esta puede ser la forma en la que Dios te está hablando, sobre todo si descubres que allí puedes continuar con tu fe. Tienes formas de protegerla. Dios puede estar diciéndote que es momento de seguir adelante y cultivar nuevas experiencias. A veces, él nos habla al eliminarnos opciones. Cosas que no funcionan de la manera en la que queremos para poder volver a comenzar en un camino más adecuado para nosotros, un camino de mayor crecimiento y felicidad.

Nadie sabe por qué Dios hace esto, pero lo hace. Creo que a veces Dios conoce las cosas que no estamos listos para pensar o entender. Y simplemente tenemos que hacerlas. Cuando esto suceda, tu respuesta debe ser confiar. Confiar en que lo que sea que está sucediendo es para mejor. Porque al final siempre es así, incluso si te toma un tiempo darte cuenta.

Siempre debes confiar en que Dios se comunica y trabaja duro para ayudarte.

Capítulo 2: Propósito

A mi sobrino le encanta hacer una pregunta muy extraña sobre la vida salvaje. Nunca le pregunto por qué lo hace porque nunca le doy una respuesta satisfactoria, pero de todos modos sigue preguntando. La pregunta es "¿para qué sirve esto?". Tendría sentido si esa pregunta se refiriera a las herramientas, los juguetes y cosas así. Sin embargo, en cada ocasión, él solo quiere saber sobre animales. Es una pregunta tan extraña que se queda en mi mente y pienso en ella cada vez que veo una criatura salvaje en la televisión o en internet. Creo que la pregunta que hace mi sobrino es algo intuitivo para los adultos. Estamos acostumbrados a que las cosas encajen en una categoría o tengan un papel. Y cuando lo pienso de ese modo, preguntar para qué sirven las cosas no es muy distinto a preguntar cuál es su función. El motivo por el cual esta pregunta se quedó conmigo es que insinúa la pregunta más profunda sobre el propósito. Nuestro propósito es el papel que tenemos en el gran esquema de las cosas. Es eso que deberíamos estar haciendo con nuestra vida. Es el más grande de los objetivos. De alguna manera, pequeña o grande, todos tus objetivos o todas tus acciones son en servicio a esta misión superior.

Piensa en alguien que está fabricando un martillo. ¿Para qué lo fabrica? Lo fabrica con un propósito. Un propósito es poner los clavos en su lugar, pero esta herramienta tiene muchas funciones y muchas versiones diferentes. No todos los martillos son hechos de la misma forma, ni tienen el mismo propósito, ni se usan para una sola cosa. Una almádena puede derribar paredes, pero no la usarías para clavar un clavo. Algunos martillos se usan para tareas más simples como construir una pajarera, algunos son más pesados y vienen bien para construir una casa del árbol. Otros martillos pueden usarse como pisapapeles o tope para la puerta. Algunos martillos tienen características extra que les permiten arrancar clavos; otros son redondos y hasta te permiten moler granos.

La persona que fabrica un martillo puede tener una razón genérica para su fabricación. Sin embargo, la gente compra los martillos con una tarea específica o varias tareas en mente. Sus dueños les dan un propósito dentro de este conjunto mayor de actividades. Un martillo es un martillo por su función y sus características. No sorprende que las personas seamos de la misma manera. Parece extraño hablar de la humanidad de este modo porque seguramente no fuimos hechos con un propósito en mente. La humanidad en su conjunto, no cada individuo, fue creada por el bien de su creación, porque es algo bueno. Sin embargo, Dios tiene un propósito para nosotros en su reino. Él nos moldea a cada uno de nosotros para cumplir un propósito, porque nos crea, nos da una misión, un sentido, un significado, porque nos ha llamado hacia él.

¿Por qué es importante?

Sígueme la corriente durante un poco más. Estás sentado en la sala de estar, ocupándote de tus asuntos, tus pies descalzos apoyados en la suave alfombra peluda. Te gusta la sensación de la alfombra entre los dedos y en la planta de los pies; es un momento de placer. Ahora, imagina que entro pisando fuerte con unos zapatos con tacón o con suela dura y piso tu dedo del pie. Me miras confundido y lleno de dolor. Pero yo no muevo el pie. Al contrario; piso más fuerte y mantengo la mirada fija en ti. Podrías sacar tu pie de un tirón, pero tienes miedo de hacerte más daño si lastimas tu piel. La suela del zapato no se siente tan suave. Sigo presionando. Podrías patearme o empujarme, pero hay algo en mi mirada que te hace pensar que no deberías hacerlo. Ahora, ¿por qué importa tanto infligir tanto dolor sobre ti? Si te pregunto por qué debería sacar mi pie de encima, ¿cuál sería tu respuesta?

Piensa con cuidado antes de responder. No digas algo obvio. Claramente, por tus gritos y gemidos y tu cara desfigurada, debes estar sintiendo muchísimo dolor, así que no me digas eso. Piensa. ¿Acabas de decir que sería bueno que lo hiciera? ¿Y qué hay de lo bien que se siente causarte dolor? Eso también puede ser bueno. ¿Por qué importa tanto si es lo bueno o lo correcto?

Si fuera a hacerlo y esperara una respuesta verdadera, no serías capaz de pensar en una respuesta lo suficientemente satisfactoria. Algunas cosas simplemente son así. Debería sacar el pie de encima porque duele; no hay otra razón necesaria. Además, porque es bueno, ser bueno está bien y no hay otro motivo más que así es como son las cosas.

El propósito importa porque es algo bueno y duele sentir que no tienes un propósito. Así son las cosas. Las personas que exigen una respuesta mejor que esa nunca son exitosas. Aún así, las personas aprecian el ejercicio de formar grandes conceptos en su mente. No hay nada de malo en eso. Pero al final todo regresa a la misma respuesta, es bueno tener un propósito y duele si no es así. ¿No me crees? Discutamos el concepto de propósito durante unos instantes y veamos nuestras conclusiones después de algunos renglones.

Cuando no tenemos un propósito, perdemos nuestro sentido de dirección. No sabemos por qué hacemos lo que hacemos, por qué es importante o por qué deberíamos preocuparnos tanto. Con solo ese conjunto de problemas puedes ver que es algo malo. ¡Ups! Volvimos a lo mismo, ¿verdad? Volvemos a hablar de cómo se siente no tener una dirección, un significado, y de que es bueno saber que importas. ¿Lo ves? Puedo intentar pensar en otras explicaciones, pero todas vuelven a lo mismo. ¿Volvemos a intentarlo? Okay. Una vida sin un propósito es una vida vacía, y... no, no puedo hacerlo. Lo siento, pero no lo siento.

Encontrar tu propósito en la vida es importante a escala cósmica porque cumple un rol en el reino superior divino, que sustituye con creces a cualquier cosa que sabemos sobre el mundo. Tal vez de ahí es donde viene esa fuerte sensación, porque es lo mejor que alguien puede hacer en todo el universo, un motivo y un significado que trasciende todo lo que conocemos y entendemos. Podemos especular sobre esto todo el día, así que lo dejaremos aquí. En la próxima sección, hablaremos de cómo encontrar tu propósito, el deseo de Dios para tu vida y su voluntad.

En resumidas cuentas, queremos saber cuál es nuestro propósito en el mundo porque un propósito le da sentido a nuestra vida y nos hace sentir realizados. La fórmula es sencilla: el propósito equivale a la felicidad, tanto la terrenal como la divina. Es eso que nos completa.

Cómo descubrirlo

Una de las formas en las que puedes descubrir cuál es el propósito que Dios tiene para ti es ver tu diseño. Antes hablamos de martillos y de cómo ciertos tipos de martillos fueron hechos con un propósito específico en mente. Con las personas también es así. Tenemos una colección de rasgos, habilidades y talentos que son indicio de los roles que estamos destinados a interpretar. Ellos nos dicen cuál es nuestra misión o cuál debería ser. Me imagino a algunos de ustedes leyendo esto, quienes dan pasos en falso entre las cosas en las que son buenos y aquellas que los apasionan. Me identifico con eso. En la escuela era muy buena en ciencias, y un profesor me preguntó si quería ser parte de una actividad extracurricular: un equipo de ciencias que competía en exposiciones. Me gustaba viajar y formar parte de un equipo, pero no disfrutaba mucho de las actividades. Con la ciencia siempre me sentí insegura, ansiosa e incompetente, pero cuando estaba con mis amigos *nerds* me sentía bien. No me gustaba la ciencia, sino el lado social de esos eventos, y lo sabía.

Siguiendo esta lógica, parecería que estaba destinada a hacer ciencia, o al menos algo relacionado con la ciencia o STEM. Pienso que si hubiera seguido ese camino durante el tiempo suficiente, habría alcanzado el éxito pero me habría sentido miserable, como me sentía la mayoría de las veces en la escuela. Si ese era mi propósito en la vida, de seguro no era placentero y no me hacía sentir ninguna pasión. No sentía que contribuía a algo más grande que yo, y si hubiera sido así, no habría creído que era porque en verdad me importara.

Consideremos otra posibilidad. A veces nos apasiona algo en lo que no somos buenos. A veces, aunque parezca ser algo que estábamos destinados a hacer, nos sale tan horrible que parecemos no avanzar nunca. Solo porque una cosa te apasione o seas bueno en otra cosa no significa automáticamente que sea tu propósito. Sin embargo, la mayor parte del tiempo nuestro propósito se alinea con nuestras pasiones, con las cosas que nos salen relativamente bien y que experimentamos como un momento de definición.

Tu primera pista de lo que Dios dice sobre tu vida son las cosas que puedes hacer y las cosas que te apasionan. Allí, en esa intersección, yace tu propósito. Las oportunidades en las que estas dos cosas se unen son la señal de que Dios te llama. Entonces, mírate a ti mismo, tu personalidad, y mira a tu alrededor las cosas que están hechas a tu medida, esas son las cosas que deberías estar haciendo. Todo está en el diseño.

"Toda obra del Señor tiene un propósito; ¡hasta el malvado fue hecho para el día del desastre!". Proverbios 16:4

"Porque somos hechura de Dios, creados en Cristo Jesús para buenas obras, las cuales Dios dispuso de antemano a fin de que las pongamos en práctica". Efesios 2:10

Otra forma de descubrir lo que Dios quiere que hagas con tu vida es escuchar lo que otras personas a tu alrededor dicen o han dicho o sugerido en el pasado. Recuerdo que en mis épocas de estudiante me decían que la ciencia podía ser mi futura carrera y me alentaban a seguir ese camino. Si todos lo decían, tal vez era algo que debía considerar, algo en lo que debía trabajar duro para encontrar mi pasión, porque claramente es lo que Dios quiere para mí. Pero los únicos que pensaban eso eran mis profesores de ciencias. Todos los demás veían algo diferente. Hablaban de mi agudo intelecto, de mi increíble capacidad de oratoria y de mi habilidad para formar conceptos interesantes. Ellos no sabían lo que podía hacer con todo eso, pero cuando encontré a Dios y comencé a hablar de Dios, se sentía bien para mí y para ellos también. Este grupo de personas era mucho más amplio y diverso y no provenía del mismo círculo social, la misma escuela o los mismos profesores.

Esta forma de ver las cosas puede funcionar también para ti. Escucha lo que diferentes personas han dicho siempre sobre ti. Estas personas deben conocerte lo suficientemente bien como para tener una justificación válida. No deben ser personas que no te conocen bien o conocen poco del tema en cuestión, o personas cuyos intereses están alineados de manera tal que no están siendo honestos contigo.

En ocasiones, Dios nos habla de manera directa. Comenzarás a escuchar su voz que te dice lo que debes hacer. Esta forma no es de las más comunes, pero ocurre si escuchas con atención y te sumerges en la palabra del Señor. Al hacerlo, te vuelves más sensible a su voz. Y cuando eres sensible, Dios comunicará fácilmente cuál debería ser el próximo objetivo en tu vida o a qué deberías dedicar tu vida.

Qué debes hacer antes de escuchar

Hemos hablado sobre anhelar un propósito y una dirección en tu vida, cómo recibirás esa información y cómo puedes encontrarla. Sin embargo, también tienes que conocer los pasos que debes seguir para hacer que esta revelación llegue a ti.

El primer paso es despejar el camino. Muchas veces no podemos escuchar lo que Dios desea o nos dice sobre la dirección en la que debería encaminarse nuestra vida porque simplemente estamos demasiado ocupados creando la vida que queremos. Estamos tan fijados en las cosas que queremos que no nos detenemos a escuchar lo que Dios quiere de nosotros. Este es el equivalente a "silenciar" a Dios porque, a pesar de que deseamos que él nos guíe y nos señale la dirección correcta, solo estamos dispuestos a escucharlo si de alguna forma se alinea con lo que deseamos. El ruido de nuestras vidas y nuestros deseos abruma a Dios. Por lo tanto, el primer paso, uno de los más difíciles, es dejar de lado nuestros deseos y anhelos. Es estar dispuesto a reevaluar y encaminarte hacia una dirección completamente distinta.

Quiero que te tomes unos instantes para analizar tus planes para el futuro, las cosas que esperas que ocurran. Ahora, ¿estás dispuesto a cambiar todo eso si Dios te lo pidiera, o estás tan apegado a esos deseos que renunciar a ellos sería difícil para ti? ¿Y la vida que vives ahora, tu trabajo y estilo de vida? ¿Estás dispuesto a cambiar eso? Si la respuesta es no, será difícil para ti escuchar lo que Dios quiere para tu vida, porque ya has decidido lo que tú quieres para tu vida y claramente estás comprometido con ello. Ahora que te has comprometido, busca una forma de ser feliz con eso. Dios no es de los que presionan a las personas para actuar de la forma en la que él quiere. Le gusta que tengas la posibilidad de elegir y valora la autonomía.

"Porque yo sé muy bien los planes que tengo para ustedes —afirma el Señor—, planes de bienestar y no de calamidad, a fin de darles un futuro y una esperanza".
Jeremías 29:11

"El corazón humano genera muchos proyectos, pero al final prevalecen los designios del Señor". Proverbios 19:21

La forma de poner tu corazón en el lugar correcto es dándote cuenta de que todos estos planes, deseos y la vida que llevas ahora no es donde reside tu propósito y tu significado. El propósito y el significado residen en Dios; cualquier satisfacción que obtengas de todas esas cosas no es nada comparado con lo que Dios desea para ti. Segundo, todas las cosas en la vida son transitorias, pero la voluntad de Dios es eterna, no existe nada mejor, más honesto o absoluto que poner tu vida en las manos de Dios. Es el encargo más grande que alguna vez experimentarás. ¿Quién no querría algo así? Tercero, Dios no quiere que seas miserable, así que debes abrirte a su idea, incluso a la idea de que tal vez tengas que hacer un cambio considerable en tu vida. Él no promete que el proceso no será difícil o duro a veces, pero te garantiza que mientras lo hagas te sentirás pleno y tendrás un propósito en tu vida.

Ahora es el momento de aceptar la ayuda de Dios en tu vida. Debes estar dispuesto a dejar tu vida por él; si no resulta tan fácil para ti, trabaja en ello. Una forma de hacerlo es empezar de a poco. De eso hablaremos en el próximo capítulo.

Capítulo 3: Día a día

Esto es algo que seguramente ya sabes, pero que vale la pena decir de nuevo. Las cosas grandes están hechas de cosas pequeñas. La vida también está hecha de conjuntos de pequeñas decisiones y eventos que se acumulan y forman algo mucho más grande que la suma de sus partes. Involucrar a Dios en tus actividades del día a día, incluso a pequeña escala, trabaja para impregnar el tejido de tu vida con su presencia. Tenemos que sentir la presencia de Dios en nuestras vidas, acostumbrarnos a ella y a lo que Dios representa para nosotros; esto facilitará que podamos confiar el resto de nuestras vidas a Dios. Tal vez todo lo que debemos hacer es confiar en él las cosas pequeñas, esas cosas pequeñas que forman nuestra vida.

Las cosas pequeñas importan

Si piensas en tu día, verás que se compone de pequeñas decisiones efímeras en las que no pasas mucho tiempo pensando. Te despiertas y decides si tomar una ducha o no, si preparar el desayuno o comprar un panecillo en el camino, si ponerte ese atuendo en particular o elegir otro. Después, cuando sales de casa, decides si seguir por esa calle o tomar un atajo, según las demoras en el tráfico, para llegar al trabajo a tiempo. Decides si te sirves una segunda taza de café o bebes más agua. Nuestros días están llenos de pequeñas decisiones insignificantes. Puedes pensar en ellas como pequeños desvíos en lo que parece ser un día ajetreado lleno de actividades, pero tengo noticias para ti: ellas componen gran parte de tu día, en términos de tiempo. Y mucho más de lo que crees.

Si tuvieras que dividir las horas del día, esas decisiones representan más de un tercio del tiempo. Me percaté de esto cuando descargué en mi teléfono una aplicación para mantener un registro de mis actividades, que también asocié a mi computadora. La aplicación registraba todos los movimientos que hacía durante el día y también hacía un seguimiento de las aplicaciones que usaba y cuánto "tiempo de pantalla" ocupaba en ellas. Al final del día, tenía un informe completo sobre cómo administraba mi tiempo. Siempre había una gran parte del tiempo desaprovechada. A partir del informe podría decirse que pasaba más tiempo jugando que trabajando. Fue toda una sorpresa, porque yo pensaba que pasaba mucho tiempo siendo productiva en el trabajo o haciendo tareas relacionadas con mi trabajo, y lo hago, pero no tanto como pensaba en un principio.

El tiempo perdido estaba compuesto de esas pequeñas cosas inevitables. Cosas que no tienen nada que ver con la productividad o el ocio; son cosas que pasan entre el trabajo y el tiempo libre. La parte fea es que realmente no nos percatamos de todo el tiempo que consumen del día y en conjunto constituyen una gran parte de tu vida. Es como cuando ves estadísticas en internet sobre cuánto tiempo de tu vida pasas en el tráfico camino al trabajo o cuánto tiempo pasas durmiendo, pero raramente ves estadísticas sobre cuánto tiempo te lleva tomar decisiones o las tareas del hogar que no son de trabajo ni de ocio.

Hablemos de ocio. El ocio se compone de pequeñas decisiones que acaparan un montón de tiempo. Escogí estos ámbitos porque son aquellos en que las personas son realmente sí mismas, en los que tienen mucha libertad. Si invitas a Dios a esos ámbitos de tu vida, le darás a Dios gran parte de tu vida. Lo bueno es que no tienes que hacer nada drástico, simplemente tienes que dejarlo escoger qué película o serie deberías ver o qué libro leer, si deberías agregarle azúcar al café o hacer una caminata alrededor del barrio. De esta manera te familiarizarás con el espíritu de Dios, normalizarás su presencia y sus caminos y pronto aprenderás a confiar en él. Y cuando lo hagas, será fácil comenzar a escuchar cuando te diga algo sobre tu vida. Dios también te confiará cosas más grandes si has demostrado tu fe con las cosas pequeñas.

Aquí tienes algunos ejemplos de cosas pequeñas. Las tuyas pueden ser diferentes a las mías, y puedes crear tus propias cosas y añadirlas a la lista, porque la lista está pensada para ser extensa.

- Lo que deberías ver.
- Lo que deberías comer.
- Lo que deberías beber.
- Lo que deberías hacer en tu tiempo libre.
- Los libros que deberías leer.
- En qué redes sociales deberías pasar el tiempo y durante cuánto tiempo.
- ¿Deberías tener una mascota o una planta?
- ¿Qué actividad física deberías hacer?
- ¿Deberías tomar una siesta?
- ¿Deberías beber más agua?
- ¿Deberías charlar de cualquier cosa con esa mujer del trabajo todos los días?
- ¿Deberías decirle "hola" a tu vecino?

Cómo escuchar

Pido disculpas si hago que todo esto suene como que tienes que rezar, cerrar los ojos y esperar a que Dios responda cada vez que quieres una rebanada extra de pan. Bueno, no es una forma de vivir muy práctica y de hecho puede causarte más problemas en lugar de acercarte más a Dios. Vivir una vida en la que siempre estás esperando una respuesta de Dios, o que él intervenga en cada pequeña decisión, no funcionará de la manera que quieres. Sin embargo, Dios sí tiene algo que aportar en muchas de las pequeñas cosas que hacemos cada día. Entonces, ¿cómo saber qué te está diciendo y cómo escucharlo?

Molestia

La verdad es que la mayoría de las personas no escuchan lo que Dios les dice sobre las decisiones diarias que toman porque no les gusta lo que dice o porque están demasiado ocupadas evitándolo o asumiendo que él nunca habla o no les habla específicamente a ellas. Dios ya ha hablado sobre algo en tu vida. Es probable que estés esperando a que diga algo más o algo nuevo, pero él no dirá más nada de lo que ya ha dicho si no lo estás escuchando.

¿Conoces esa voz en tu cabeza que te dice que quizás no deberías comer otra dona o beber otra copa de vino, o que deberías regular la cantidad de azúcar que consumes cada día y comenzar a responder las llamadas de tu mamá? Ese puede ser Dios que te está hablando. Debido a la frecuencia con la que esa voz nos sigue y nos dice lo que debemos y no debemos hacer, y nos hace sentir mal cuando hacemos algo que se supone que no deberíamos hacer, digo que es una "molestia". Es como si alguien se parara detrás de ti y te insistiera en que hagas algo. A veces las personas están tan fijadas en un objetivo que escuchar esta voz tiene muy poco efecto, o nada en absoluto, en su decisión. Si no les afecta, es porque han renunciado a sus sentimientos de arrepentimiento.

En ocasiones, esta voz es solo nuestro subconsciente, que compila el pasado, el presente y los sueños del futuro, asocia los pensamientos adecuados con formas de comportarse y guía nuestro comportamiento para alcanzar distintos objetivos. Es la voz que nos vigila. Cuando es Dios quien usa esa voz, habrá varias señales. Lo que la voz te dice suele estar en la parte de atrás de la cabeza y se queda allí sin importar lo que hagas. Te convence y te fastidia. Es la misma sensación que tienes cuando ves un cuadro torcido colgado en la pared y no puedes resistir la tentación de enderezarlo. Excepto que, en esta situación, es esa sensación y esa voz sobre lo que estás haciendo o deberías hacer, pero a diferencia del cuadro torcido en la pared, te resulta abrumador. Entonces lo pospones, y mientras más lo pospones, más insensible te vuelves a esa sensación.

Si quieres a Dios en tu vida, debes comenzar a escuchar lo que dice sobre las pequeñas cosas de tu situación actual. Comienza con algo simple; haz el mínimo indispensable si es necesario. Pero cualquiera sea, hazlo ahora mismo, y verás que Dios te habla en otros ámbitos de tu vida y será más fácil confiar en él. Verás que te conviertes en una persona más tranquila y feliz consigo misma. Es como usar lentes por primera vez. Nunca sabes en verdad lo mala que es tu visión antes de usar lentes recetados. No sabes lo tensa, miserable o desequilibrada que es tu vida hasta que comienzas a escuchar a esa voz.

He hecho que esta voz suene como que solo te dirá lo que sí y no puedes hacer. A veces esta voz también te dará ideas, te hablará de pasión e inspiración. Sabes que viene de Dios porque se alinea con las escrituras, es constructiva en vez de destructiva y añade un sentido de dirección a tu vida. Cuando demuestras tu fe en este ámbito de tu vida, Dios comenzará a abrirte puertas y a hablarte sobre cosas que dan significado a nuestra vida, porque las cosas pequeñas conforman las grandes cosas.

"No se inquieten por nada; más bien, en toda ocasión, con oración y ruego, presenten sus peticiones a Dios y denle gracias. Y la paz de Dios, que sobrepasa todo entendimiento, cuidará sus corazones y sus pensamientos en Cristo Jesús".
Filipenses 4:6-7

Lee las escrituras

Hazte al hábito de leer las escrituras al empezar tu día, incluso si lees solo unos pocos renglones o un párrafo, meditar sobre ellas y pensar en cómo pueden aplicarse a tu vida y en su importancia. Si de algún modo se conecta o se relaciona con tu situación, notarás pequeñas cosas que puedes comenzar a hacer de manera diferente ese mismo día. A veces las ideas llegarán, otras veces no habrá nada. Lo mejor es que ninguna frase se desperdicia; algún día, en alguna otra situación, esas palabras estarán en primer plano en tu mente y te guiarán.

"Mis ovejas oyen mi voz; yo las conozco y ellas me siguen. Yo les doy vida eterna, y nunca perecerán, ni nadie podrá arrebatármelas de la mano". Juan 10:27-28

Capítulo 4: Luz en la oscuridad

En la introducción, mencioné que el mundo espiritual es abundante y que algunos de los espíritus querrán influenciarte de varias maneras. Te he dado una razón para preferir a Dios por sobre todas las cosas. Sin embargo, tal vez te has preguntado cómo saber si son malos espíritus los que intentan lograr una conexión contigo. ¿Cómo puedes observar el mundo y discernir fácilmente lo bueno de lo malo? Responderé esta pregunta al final de este capítulo. Primero tengo que explicar términos como el mundo o reino espiritual y los propios espíritus. No voy a hablar de la demonología, piensa en ello como metafísica.

Naturaleza de los espíritus

Primero, voy a decir lo siguiente: la idea de que el mundo espiritual es un lugar habitado solo por lo espiritual es errónea, porque da a entender que el mundo físico está separado del mundo espiritual. Como dije anteriormente, los espíritus y los seres espirituales se relacionan y viven dentro del mismo universo creado por Dios. Son fenómenos que no observamos de manera directa con nuestra mente o con otras herramientas, pero como existen dentro de este universo, interactúan y pueden influir en nuestra experiencia observable. Es como una ceguera espiritual: los seres espirituales existen e interactúan con nosotros cada día, pero nos cuesta percibirlos.

Los espíritus son conciencias que existen más allá de nuestra observación directa. Como ellos tienen deseos, les gustan y no les gustan las mismas cosas. Piensa en la humanidad e imagina si fuéramos totalmente invisibles para las criaturas con las que compartimos este mundo. Imagina que no pueden vernos, pero a veces sienten nuestra presencia; que podemos influir en sus eventos y sobre ellas mismas para que logren un estado que se alinee más con nuestros deseos. Esto son los espíritus. También hay algo más, la forma en la que otras especies interactúan entre sí; hay algo de especismo a la vez. Actúan sobre la base de su propio interés, a menudo en detrimento de los humanos, de nuestro bienestar y éxito. Esto se debe a que, para ellas, es mucho mejor así. Algunas personas piensan que los espíritus son injustamente malos con los humanos. Y puede ser que lo sean, pero piensa en cómo los humanos son malos con otras especies por su propio bien. Los espíritus no nos necesitan; a diferencia de nosotros, necesitamos nuestro entorno, pero los espíritus nos tratan de la manera en que nos tratan por sus intereses. Son implacables, porque consideran que son superiores y merecen más. ¿Te suena familiar?

"Practiquen el dominio propio y manténganse alerta. Su enemigo el diablo ronda como león rugiente, buscando a quién devorar". 1 Pedro 5:8

Dios y sus amigos, los ángeles, son quienes nos dicen que somos especiales, que quieren protegernos y todo eso. A los otros tipos les enfurece esta idea, y seguramente por eso se enferman de celos. Entonces quieren sabotearnos por esta razón y por otras razones que no conocemos, la razón que tiene que ver con sus deseos e intereses aparte de la envidia y la ira. Cuando no estás junto a Dios, te abres a muchos otros espíritus cuyos intereses no se alinean precisamente con los tuyos, por lo que no tienen razones para preocuparse por tu bienestar. Pero Dios sí lo hace.

"Pues estoy convencido de que ni la muerte ni la vida, ni los ángeles ni los demonios, ni lo presente ni lo por venir, ni los poderes, ni lo alto ni lo profundo, ni cosa alguna en toda la creación podrá apartarnos del amor que Dios nos ha manifestado en Cristo Jesús nuestro Señor". Romanos 8:38-39

Cómo reconocerlos

Ya he revelado cómo puedes darte cuenta cuando un espíritu maligno está intentando conectarse contigo. Las formas que mencionaremos aquí están relacionadas con el elemento del interés propio en el conjunto de las personas.

Los espíritus nos hablan bastante a través de las críticas. Nos atacan justo en el centro. A menudo se refleja en cómo les hacen creer a las personas que son celosas, malas o que no merecen nada. Cultivan y mantienen un estado mental y una percepción de que los seres humanos son terribles, o que tú como persona eres mala, impura, desagradable e inútil. Cultivan la baja autoestima, la duda, la ansiedad y las imágenes distorsionadas. Si no podemos encontrar algo de amor propio en nosotros, lo natural es abandonarnos e incluso hacernos daño, y lo hacemos a través de acciones que perjudican nuestro bienestar. Abusamos del alcohol. Actuamos de tal manera que acabamos con nuestras relaciones y nos abstenemos de aprovechar oportunidades porque tenemos miedo. Incluso postergamos el trabajo porque no nos sentimos bien preparados. Todos estas acciones se originan de una sensación arraigada de insuficiencia. Si tienes pensamientos recurrentes que contribuyen a esas sensaciones, tienes un espíritu maligno en tus manos. Es incluso peor si el espíritu te ha convencido de que es Dios.

Aquí tienes algunos ejemplos de las formas en las que el espíritu te hablará:

1. "Tú no eres nadie".
2. "A nadie le importas".
3. "No vales nada".
4. "No puedes hacer nada bien".
5. "Eres un pecador y un hipócrita. Por eso tienes esos pensamientos sucios".
6. "Las cosas jamás se arreglarán. Todo siempre termina derrumbándose".
7. "¿En serio pensaste que podrías hacer eso? ¿Te has visto al espejo?".
8. "Eres un perdedor y un fracasado".
9. "Todo lo que tocas, lo rompes; ¡aléjate!".

Este tipo de pensamientos se adueñan de tu sentido de la culpa cuando haces algo malo. Exageran y envalentonan tu culpa a tal punto que es abrumadora y se convierte en un sentimiento de insuficiencia y resalta tus imperfecciones. Dios jamás te torturaría con tus errores. Él no pasaría cada minuto del día diciéndote lo indigno que eres solo por un pensamiento lascivo pasajero sobre una colega. Dios espera que reconozcas que lo que hiciste estuvo mal y que aprendas de ello, y él trabajará para asegurarse de que suceda. Si esto significa que debes perdonarte a ti mismo, darte una leve reprimenda y poder reírte de ello, ¡bien! Sentirse miserable al respecto es una forma segura de terminar en el camino del pecado. Entonces, si has llegado a un punto en el que no puedes perdonarte, tienes un espíritu que te está atormentando. Dios trabaja para sanarte, y perdonarse a uno mismo es un paso importante en el proceso.

"Por lo tanto, ya no hay ninguna condenación para los que están unidos a Cristo Jesús". Romanos 8:1

"Si confesamos nuestros pecados, Dios, que es fiel y justo, nos los perdonará y nos limpiará de toda maldad". 1 Juan 1:9

Espera. ¿Qué sucede si en verdad no sabes tocar la guitarra, o estás intentando aprender otro idioma? No puede ser algún espíritu que intenta hacerte daño, ¿verdad? En otras palabras, ¿qué sucede si tienes una buena opinión sobre tus habilidades o capacidades, pero esta observación es un poco incómoda de admitir o duele pensar en ella? Para mí, fue cuando tuve que aceptar el hecho de que no soy la mejor cantante, incluso después de haber pensado que sí lo era. Y que soy mala cocinando. Esto es lo que yo llamo juicios de valor objetivos y son diferentes a las críticas en muchos aspectos.

Si estás convencido de una verdad sobre ti mismo que no es cierta, quizás ya sufres de esa incapacidad de apreciar tu realidad. Los juicios de valor objetivos funcionan bien con nosotros porque son liberadores. Nos libran de los problemas de autoengaño. Los juicios de valor objetivos se sienten como si nos quitaran un peso de encima, aunque al principio causan dolor e incomodidad. Es normal; te estás adaptando a una nueva realidad mientras dejas ir algo a lo que te has dedicado mucho. La autocrítica hace todo lo contrario. Causa más tristeza y confusión, nos enceguece más y nos desconecta de nuestra realidad.

¿Cómo puedes verlo en otras personas? ¿Cómo puedes saber si están bajo la influencia de los espíritus malignos o si guardan malas intenciones en tu contra? Una forma de discernirlo es prestando atención a tus emociones subyacentes o instintos. Así es como el espíritu nos habla de los demás. El espíritu de Dios puede percibir lo que nosotros no podemos, y si algo no está bien, nos lo comunicará, y está en nosotros escuchar y actuar en consecuencia. ¿Cuántas veces has oído a alguien decir "sabía que había algo mal con ese tipo" o "definitivamente lo vi venir, no sé por qué no dije nada"? Es probable que muchas. En esos casos, puede haber sido el espíritu que te decía algo que puede ver y tú no. Por lo tanto, presta atención a esa sensación cada vez que interactúes con los demás.

Entonces, ¿qué sucede si sueles ser muy ingenuo y crees todo lo que te dicen? Busca los consejos de otras personas que conocen a Dios y al espíritu al igual que tú, tal vez ellas estén más en sintonía con lo que Dios les dice. Este es un lugar seguro en donde tus sospechas pueden ser confirmadas o corregidas.

Plática positiva

¿Cuándo es buena la plática positiva? Nos dicen todo el tiempo que seamos optimistas y que solo dejemos entrar lo positivo, pero acabamos de ver que esto no es siempre buena idea. Debemos estar atentos a las influencias que dejamos entrar, incluso si suenan bien. La plática positiva es buena cuando no nos ata a las situaciones en las que tenemos que trabajar. Tal vez Dios te ha estado hablando sobre esas cosas en tu vida y cómo debes trabajar en ellas; tienes la ardua tarea de ser honesto y escuchar esa voz en lo profundo de ti que te habla de ese asunto imperfecto en tu vida. La buena plática positiva no te hace sentir sucio. Existe una sensación en lo más profundo de tu mente, o en algún otro lugar, que te hace sentir mal, ansioso o confuso.

Todos tenemos voces de plática positiva, o negativa, en nuestras mentes. La mía me dice que mi peso es el adecuado para mi altura; pero cuando calculé mi IMC, me muestra que estoy en el rango de sobrepeso. Me miré al espejo y pensé: "¿y ahora?". La voz en mi mente me dice: "aún no estás tan gorda como tu amiga Mary o tu prima Katie, así que no está tan mal", aunque sí estaba mal. Los desafíos de los demás no hacen que los míos sean menos importantes; esta voz es una distracción. Entonces, en vez de coincidir con lo que dice esta voz, tomé medidas para solucionar mi problema. Comencé a controlar lo que comía y la cantidad de tiempo que estaba activa cada día.

Piensa en el apostador que pierde los ahorros de toda su vida y aún cree que si apuesta en ese caballo, o lo echa a suertes otra vez, puede recuperar el dinero. Parece una forma positiva de ver la vida, pero no es buena, es dañina. Es probable que el apostador pierda todo su dinero y termine endeudado, miserable y hasta sin hogar. Puede aparecer de otras formas, como cuando alguien niega su adicción a una sustancia. Lo has oído miles de veces: "puedo dejarlo en cualquier momento. No lo necesito". Así la persona reafirma que solo es para sentirse bien, invencible o superior, pero es una trampa que la lleva a la autosuficiencia y la ignorancia, hasta que es demasiado tarde y la sustancia ha causado un enorme sufrimiento y pérdida. Piensa en el estudiante que ve sus notas a mitad del semestre y dice: "no están tan mal. Puedo mejorar". Nos encanta ver que las personas se mantienen positivas y motivadas para lograr sus metas y superar sus obstáculos, pero, idealmente, no queremos vivir en un mundo en el que tenemos que ir contra viento y marea para lograr algo que no debería requerir tanto esfuerzo. Entonces lo evitamos, porque sabemos que la mayoría de las veces intentar lo imposible nos lleva a fracasar.

Una de las formas descaradas en las que los espíritus nos atacan es mediante las críticas. Para algunas personas es muy fácil reconocerlo, así que seguro te preguntas por qué lo menciono siquiera. Bueno, tengo que cubrir las espaldas. La más artera que encontré es la plática positiva que muchas veces oculta la negación o la mentira. Hemos mencionado brevemente que las ilusiones que nos hacemos pueden causar mucho dolor; este es un caso similar, pero no siempre ocurre de ese modo.

Separa las cosas malas de lo maligno

Los espíritus malignos en tu vida hacen que cosas malas sucedan. Muchas cosas malas pueden sucederte, pero existen dos grandes tipos: las que son resultado de algo natural y las que ocurren por los espíritus malignos. El truco es poder distinguir entre ambas.

Las cosas terribles que ocurren como resultado de algo natural pueden ser dolorosas y traumáticas, como la muerte y los desastres naturales. Otro tipo son los accidentes que ocurren por fallas o errores humanos. Las personas no son perfectas; cometen errores, y a veces esos errores conducen a resultados lamentables. Un accidente de tránsito, una explosión en una planta nuclear o una pareja que se divorcia. La forma en que vivimos esos eventos son resultado de cómo somos o de cómo es el mundo; no intentan destruir nuestra fe o alejarnos de Dios. Pueden ser devastadores, sí, pero no nos provocarán para abandonar a Dios o a nuestra fe ni nos harán sentir notablemente atascados. Nuestros esfuerzos para superar una situación mala se sentirán como un logro, aún si suceden de forma paulatina. No te sientas atascado. Hace falta muchísima paciencia para superar estas situaciones, y lo veremos porque nuestros esfuerzos cuentan. Puede que quieras rendirte, pero sabes que no es porque las cosas están rotas o no funcionan.

Las cosas malas que ocurren por culpa de los malos espíritus supondrán un desafío para tu fe. Te atacan, te provocan para que te rindas, igual que en la historia de Job. Notarás en esta historia que, mientras más fiel es Job, peor se pone la situación, y él es desafiado todo el tiempo a abandonar su fe en Dios. Cuando enfrentas un desafío que ataca directo a tu fe e intentas ser fiel y leer la Biblia e ir a la iglesia, estas actividades resultan muy difíciles. Quizás es un espíritu maligno el que te ataca. No deberías sentir que la cosa se pone peor mientras más acudes a Dios; deberías llenarte de esperanza y ganas de luchar para lograr el fin deseado. Las cosas pueden salir mal, tu pareja puede morirse de una enfermedad terminal, pero es el fin deseado en el gran esquema de las cosas. No debes sentirte atascado, atrapado o completamente fuera de control. No deberías sentirte solo o abandonado por Dios. Si te sientes así, tienes un espíritu en tus manos.

Personas bajo la influencia de los espíritus

Si puedes ser tan amable contigo mismo, debes ser así con otras personas. Los espíritus malos forman visiones del mundo y formas de pensar que hacen que las personas actúen en contra de sus intereses. Los espíritus son más inteligentes que nosotros; ven mucho más y necesitan poseer personas para ser efectivos. Solo tienen que darle a las cosas un empujoncito en la dirección correcta.

A lo largo de tu vida conocerás personas que no son buenas para ti. Algunas de ellas son solo seres humanos con defectos y otras están bajo la influencia de un espíritu malo. No estoy hablando de posesión. No voy a decirte que tu vecino insoportable está poniendo a prueba tu fe porque está poseído. Hablar de posesión o usarla como excusa para el mal comportamiento deshumaniza y demoniza a las personas. Cuando las demonizas es muy difícil entenderlas o encontrar amor en tu corazón. Y cuando te cuesta encontrar amor o comprensión en tu corazón para con los demás, no estás escuchando al espíritu de Dios. Las personas influenciadas por los espíritus para hacer ciertas cosas son iguales a ti. Si no te analizas con cuidado, eres igual de vulnerable a las malas influencias. No puedes decirme, honestamente, que no existe un ámbito de tu vida en el que no te sientas desafiado o te cueste por culpa de tus debilidades o que no existen entidades espirituales que intentan aprovecharse de ello y muchas veces lo consiguen. A veces, los espíritus no necesitan decir nada. Solo tienen que invadir tu entorno y generar una situación que ponga a prueba tu fe y te haga flaquear. Y si lo haces, no seas duro contigo mismo; el objetivo es acercarte a Dios, no castigarte por cada error que cometas.

Las personas en tu vida que están bajo la influencia de los espíritus intentarán debilitar tu fe y tu vínculo con Dios en las cosas que hacen directa e indirectamente. Quiero dejar claro que las personas que lo hacen no son malas. Tal vez a ti te alivie pensar que lo son, pero simplemente no es así. Es el tipo de pensamiento que aleja tu amor por los demás y convierte en enemigos a personas que son víctimas. Ellas en verdad no te odian; pueden tener odio dentro de sí, pero proviene de un lugar poco feliz. Tu respuesta debe ser compasiva y debe intentar ayudarlas o salir de la red que se teje a tu alrededor.

Cuando comiences a sonsacar la luz de la oscuridad, ten cuidado con los pensamientos y las emociones como los siguientes. Los escribiré en una lista para que sean más fáciles de recordar.

- Juzgar a los demás.
- Pensar que las personas son malvadas o están poseídas.
- Despreciar a los demás o sentir odio o desagrado.
- Pensar que el mundo sería un lugar mejor sin ciertas personas en vez de otras.
- Sentir ira por quienes defienden ideas y formas de vivir perjudiciales.
- Estar tentado a tomar medidas drásticas al límite de lo inmoral o a cometer actos ilegales para protegerte.
- Cerrarte a los demás cuando te explican sus experiencias o su realidad.
- Intentar forzar tu forma de ver las cosas en los demás.

Debes prestar atención a estas cosas porque te llevan de vuelta al pantano del que estás intentando salir. En lugar de arreglar las cosas y fomentar a Dios, estás alistándote en las fuerzas del enemigo. Y a esos espíritus les agrada ese tipo de soldado, el que cree que está del lado correcto porque los espíritus hacen el trabajo por él sin darse cuenta y que demoniza a otros creyentes como él que siembran discordia.

Capítulo 5: Sabiduría

En la introducción, he tocado el tema de la sabiduría sin mencionarla abiertamente. Las personas suelen combinar la sabiduría con conocimiento e inteligencia. La sabiduría es la aplicación óptima de herramientas como el conocimiento, la inteligencia y el talento. La gran pregunta es: ¿cómo se obtiene la sabiduría? La sabiduría es un atributo apenas comprendido pero muy deseado por los creyentes. Ellos creen que tiene muchísimos beneficios, y están en lo cierto. Dios no la querría para nosotros si no sirviera para nada.

¿Qué es la sabiduría?

La sabiduría tiene un significado mucho más abarcativo que el del discernimiento. El discernimiento se ocupa del mundo espiritual sobre el mundo de la experiencia directa. Es ser espiritualmente perceptivo en tu vida y en el mundo y se desarrolla después de establecer una relación íntima con Dios. Esta relación servirá para refinar tus instintos espirituales y salir al mundo y no pasar nada por alto. Por eso el énfasis de este libro está en la comunicación con Dios. Es el suelo fértil en el que crece el discernimiento.

La sabiduría es cómo el conocimiento que tienes, tanto lo que la vida te enseña como la educación formal, entra en acción en tu vida, sobre todo en cuestiones que poco tienen que ver con la espiritualidad. Es una distinción muy sutil que no resiste un análisis en profundidad. En esencia, es la historia de cómo la experiencia nos hace más expertos en nuestras relaciones, ya sean espirituales o no.

La sabiduría de Dios en acción

Cuando estás lleno de la sabiduría de Dios, aumenta tu confianza, tu paz y tu conformidad con las decisiones que tomas. Tus decisiones y la forma en que te mueves en el mundo fomentan amor y paz, rehúyen a todos los prejuicios y promueven el reino de Dios. Tus proyectos en este mundo son creados con paciencia desde una posición de empatía, simpatía y humildad.

Es difícil explicar la sabiduría, pero tengo una analogía. Antes de comenzar tu relación con Dios, has tenido experiencias terrenales que conforman tu visión del mundo. Eres como un tosco bloque de mármol: bordes afilados, curvas torpes y una superficie áspera. Eres algo, pero no del todo. Cuando llegas a Dios, él saca su martillo y cincel y remueve la roca no deseada; hasta puede quitar varias curvas. Al principio te verás algo deforme, pero pronto él comenzará a crear nuevas curvas y formas. Te dará una forma definida y notable. Suavizará los bordes y las superficies para sacar al dios o diosa que hay en ti.

A través de tu relación con Dios, obtendrás atributos y características en los que aplicas la sabiduría.

- Sabes cuándo renunciar o trabajar más duro.
- Sabes cuándo es el mejor momento para hacer un trato.

- Puedes prever.
- Tienes un sentido de pertinencia.
- Atraviesas dificultades y mantienes la calma.
- Eres consciente de tus capacidades y sabes cómo aplicarlas.
- Eres los resultados de toda tu vida, no solo tú mismo.
- Buscas la cooperación, no la competencia; es parte de tu instinto.
- Valoras el conocimiento por sí mismo, no por lo que puede hacer por ti.
- Te das cuenta de que no existe el tiempo perdido.
- Sabes escuchar y percibir exactamente lo que dicen los demás.
- Logras apreciar el poder de la observación.
- Te metes en debates no para ganar, sino para aprender algo nuevo y corregir tus errores.
- No te avergüenzas de tus errores y defectos al punto de no hacer nada. Reconoces que todo el mundo los tiene y que lo más sensato es seguir adelante.
- Valoras la consistencia por sobre los destellos repentinos de genialidad.
- No le tienes miedo a la mortalidad.
- Reconoces que juzgar a los demás es infructífero.

Hay muchos más atributos que son señales de sabiduría. Cuando los veas, sabrás cuáles son.

> *"En cambio, el fruto del Espíritu es amor, alegría, paz, paciencia, amabilidad, bondad, fidelidad, humildad y dominio propio. No hay ley que condene estas cosas".*
> Gálatas 5:22-23

Conclusión

"Después de decir esto, Pablo se puso de rodillas con todos ellos y oró. Todos lloraban inconsolablemente mientras lo abrazaban y lo besaban. Lo que más los entristecía era su declaración de que ellos no volverían a verlo. Luego lo acompañaron hasta el barco". Hechos 20:36-38

Con este texto hemos hecho mucho por nosotros mismos. Comenzamos con las formas típicas en las que Dios nos habla. También te expliqué cómo darte cuenta de que es Dios quien te está hablando. Compartí algunos consejos para saber escucharlo. Sabiendo que esta información es limitada, escribí dos capítulos que tratan sobre el propósito y la vida diaria. Están relacionados entre sí porque las cosas pequeñas conforman cosas grandes. Hablamos de dejar a Dios a cargo de las cosas pequeñas para que te confíe las cosas grandes. También reconocimos que nos da más confianza cuando Dios toma el mando, en el caso de quienes estaban un poco más reticentes a ceder el control. Espero que esto llegue a las personas que más quieres, y con algo de práctica, lo hará.

Incluso si dejaste de leer, fue un buen comienzo, pero faltaba algo. También tienes que entender que existen muchas influencias ahí afuera que no piensan en tu propio bien. Tenemos que hablar de ellas, aprender a reconocerlas y a tratarlas cuando ya está todo dicho. Esta información te ayudará a ver a tus enemigos por dentro y fuera. También te enseñó sobre los fallos en el pensamiento que les facilitan a estas influencias cambiar tu vida por completo. Esta fue sin duda la parte más larga, pero está buena.

Lo último que hicimos fue hablar de sabiduría. Te enseñé que si practicas todo lo que hemos plasmado en este libro de manera constante, lo obtendrás, y Dios te moldeará. Es algo genial, porque por fin entendimos que la sabiduría es un proceso, no es un manual de instrucciones.

Estoy en mi porche tomando té y mirando hacia el jardín. Veo a los niños jugar en la calle. Todo está en calma una vez más. Y te digo, querido lector, qué viaje hemos tenido. Gracias por recorrerlo conmigo.

Audio de meditación guiada de 10 minutos ¡gratis! (En inglés)

¿No te gustaría añadir aún más motivación, inspiración y valor en tu camino hacia la espiritualidad? Como agradecimiento, desde lo más profundo de mi corazón, te concedo acceso GRATUITO a un audio de diez minutos de meditación guiada de la llama violeta (en inglés).

Si estás listo para soltar toda esa energía negativa que ya no te sirve, aprovecha esta meditación de la llama violeta.

- Con la llama violeta podrás liberar la energía bloqueada en tu interior fácilmente
- Limpia tu karma para aumentar tu felicidad
- Haz crecer tu espíritu de nuevo y regresa al camino hacia tu destino

[Haz clic aquí y obtén tu audio de meditación guiada de la llama violeta ¡gratis! (En inglés)](bit.ly/violetflameguided)

Por favor, deja una reseña en Amazon

Desde lo más profundo de mi corazón, quiero agradecerte por haber leído este libro. Realmente espero que te ayude en tu viaje espiritual y a vivir una vida más feliz y empoderada. Si te ha sido de ayuda, me gustaría pedirte un favor. ¿Serías tan amable de dejar una reseña de este libro en Amazon? Lo apreciaría muchísimo y sé que tendrá un impacto en las vidas de otras personas que buscan alcanzar la espiritualidad en todo el mundo y les dará esperanzas y energía.

¡Muchas gracias y buena suerte!

Angela Grace

www.ingramcontent.com/pod-product-compliance
Lightning Source LLC
Chambersburg PA
CBHW071408070526
44578CB00002B/514